Ottieni il meglio dalle tue Retrospettive Agili

Un insieme di tecniche per effettuare le tue Retrospettive nelle metodologie Agili

Ben Linders e Luis Gonçalves

Questo libro è in vendita presso
http://leanpub.com/gettingvalueoutofagileretrospectives_IT

Questa versione è stata pubblicata il 2019-02-08

ISBN 978-94-92119-18-6

Leanpub

Questo è un libro di Leanpub. Leanpub permette ad autori ed editori un processo di pubblicazione agile. La Pubblicazione Agile consite nel pubblicare un ebook in corso d'opera, utilizzando strumenti leggeri e molte iterazioni per ottenere un feedback dai lettori, al fine di assicurare un libro giusto e attraente una volta completato.

Twitta questo libro!

Per favore, aiuta Ben Linders e Luis Gonçalves diffondendo la parola a proposito di questo libro su Twitter!

L'hashtag suggerito per questo libro è #RetroValue.

Scopri quello che gli altri hanno da dire sul libro cliccando su questo link per cercare questo hashtag su Twitter:

#RetroValue

Sempre da questi autori

Libri di Luis Gonçalves

Getting Value out of Agile Retrospectives

Waardevolle Agile Retrospectives

Tirer profit des rétrospectives agiles

Obteniendo valor de las Retrospectivas ágiles

アジャイルふりかえりから価値を生み出す – 日本語版

Wartościowe Retrospekcje Agile

Αποκομίζοντας αξία από τα Agile Retrospectives

Khai thác giá trị Agile Retrospective

Jak zvýšit přínos agilních retrospektiv

Transformação digital

Libri di Ben Linders

What Drives Quality

Getting Value out of Agile Retrospectives

Waardevolle Agile Retrospectives

Tirer profit des rétrospectives agiles

Извлекаем пользу из Agile-ретроспектив

Obteniendo valor de las Retrospectivas ágiles

从敏捷回顾中收获价值

アジャイルふりかえりから価値を生み出す – 日本語版

Wartościowe Retrospekcje Agile

Continuous Improvement

Αποκομίζοντας αξία από τα Agile Retrospectives

Khai thác giá trị Agile Retrospective

Jak zvýšit přínos agilních retrospektiv

The Agile Self-assessment Game

Indice

Prologo

Ho iniziato a progettare e a condurre retrospettive quasi 20 anni fa. Ho insegnato ad altre persone come condurle per almeno 10 anni. Ho visto come fare retrospettive correttamente può aiutare un team. Ho visto come questi team abbiano migliorato le loro capacità, aumentato la collaborazione e sviluppato prodotti migliori. Le retrospettive possono aiutare i team a responsabilizzarsi. Possono facilitare il processo di cambiamento verso l'Agile per tutta la loro azienda.

Ho anche sentito resoconti di retrospettive che non sono riuscite a provocare questo cambiamento, questi miglioramenti. A volte, queste retrospettive fallimentari, sono finite in un circolo vizioso dove i team ripetono le stesse attività nello stesso ordine continuamente. Le abitudini di questi team inibiscono la loro creatività o l'attuazione di nuovi modi di pensare. Altre retrospettive falliscono perché non permettono di avere più tempo per esplorare i possibili miglioramenti che si vogliono ottenere.

Le retrospettive efficaci aiutano i team a mandare in "corto circuito" il loro radicato modello di pensiero. Acquisiscono quindi la prospettiva degli altri membri del team e il team viene facilitato nel pensare, imparare, decidere e agire insieme.

In questo libro, Luis e Ben condividono il potenziale delle retrospettive. Il loro consiglio nasce dall'esperienza pratica. Hanno imparato come preparare un'azienda alle retrospettive e come introdurle nell'azienda stessa. Hanno aiutato team a scegliere e a fare miglioramenti sostenibili e incrementali. Sono stati alle prese con le insidie di un team che fallisce perché continua a pensare nel modo in cui ormai è abituato.

Ben e Luis offrono una guida per aiutare te e i tuoi team a ottenere il meglio dalle vostre retrospettive. Hanno raccolto le tecniche che aiuteranno te e i tuoi team a pensare insieme e ad "accendere" il dialogo.

In questo libro, chi conduce il team e le retrospettive, troverà un nuovo e solido aiuto per mantenere le retrospettive sempre nuove, focalizzate sull'obiettivo e colme di insegnamenti.

Esther Derby Coautrice di *Agile Retrospetives: Making Good Teams Great*
Duluth, MN
Novembre 2013

Prologo alla traduzione Italiana

Una volta qualche tempo fa, dopo aver parlato davanti al pubblico di un evento dedicato allo sviluppo agile, mi venne fatta una domanda di quelle semplici e potenti, anzi, potenti proprio perch semplici: Jacopo, di tutte le pratiche di cui parliamo, se ti fosse possibile usarne solo una, quale sarebbe? Test Driven Development? Continuous Integration? Stand-up meeting? Quale?.

Amo le domande che pongono vincoli forti e stringenti. Costringono a pensare in modo originale, a stressare i principi su cui vorresti sempre basarti e, spesso, richiedono una salutare dose di pensiero laterale. Posto di fronte a questa domanda, ammetto, ho vissuto la duplice sensazione di essere da un lato messo in crisi, dallaltro invece di godere dellopportunit di capire meglio quale sia il valore ultimo di tutto quello che io e i team con cui lavoro cerchiamo di ottenere.

Il miglioramento continuo uno dei pilastri del pensiero agile, e il Manifesto esalta in pi punti questo principio fondamentale, ma non c possibilit di migliorare s stessi e i sistemi di cui si fa parte senza osservarsi cercando al contempo di rendere il frutto di questa osservazione il pi possibile esplicita, se non addirittura oggettiva.

Quel giorno, quando mi fecero quella domanda, in pochi secondi realizzai che certamente tutte le pratiche dello sviluppo agile dovevano aver avuto origine dalla spiccata attitudine di alcuni sviluppatori a osservare, osservarsi e prendere nuove decisioni, cambiando con costanza il modo di lavorare fino al punto di creare nuovi paradigmi, nuove scuole di pensiero.

Una pratica incarna questo spirito: la Retrospettiva Agile. Questa pratica fa s che il team si osservi. Questa pratica porta il team a rispettare e rispettarsi. Questa pratica lascia che la parola standard" non stia a significare il massimo da raggiungere, ma la base da cui partire.

La pratica della Retrospettiva Agile, da sola, contiene il potenziale di tutte le altre. La risposta alla domanda improvvisamente era chiara.

Nel libro di Luis e Ben troverete da un lato un importante richiamo alla ratio delle retrospettive: perch farle, quali vantaggi aspettarsene e con chi effettuarle; dallaltro troverete pragmaticissime dritte sugli esercizi da mettere in atto, sui loro prerequisiti e sulle tipiche resistenze che si devono fronteggiare quando si introduce questa pratica in team che non ne conoscono ancora lenorme potenziale.

E poi chiss: la prossima pratica agile adottata in tutto il mondo potrebbe vedere la luce durante una retrospettiva del vostro team. Sguinzagliate il suo potenziale e fatevi sorprendere!

Jacopo Romei
Coautore di Pro PHP Refactoring
Milano, Italia
Settembre 2014

Prefazione

Siamo entrambi blogger attivi su www.benlinders.com e lmsgon-calves.com. Nei nostri blog condividiamo le nostre esperienze su diversi argomenti relativi all'agile e al lean, comprese le retrospettive.

Scrivere sui blog è uno dei modi in cui condividiamo la nostra conoscenze, ed è gratificante. Ci piaccono i commenti che riceviamo sui nostri blog quando le persone condividono le loro esperienze e amiamo ascoltare le persone che hanno provato le cose di cui scriviamo.

Molti lettori ci hanno detto che per loro i nostri post hanno molto valore. Abbiamo cominciato a pensare a come facilitarli, fornendo loro un piccolo libro su un argomento specifico - un libro che avessero potuto portare con loro che avesse informazioni pratiche e che potessero usare nel lavoro di tutti i giorni. Questi pensieri ci hanno portato a produrre questo libro sulle retrospettive agili.

Questo libro è indicato per coach agili, scrum masters, project manager, responsabili di prodotto e facilitatori che hanno già qualche esperienza con le retrospettive, per coloro che conoscono lo scopo delle retrospettive, il legame con l'Agile e sanno come organizzarle e condurle.

Negli anni abbiamo condotto diversi tipi di retrospettive. Pensiamo che sia d'aiuto costruire il proprio set di esercizi per le retrospettive. Abbiamo dato a questo libro un tocco personale includendo le nostre personali esperienze che sono indicate con le nostre iniziali *(BL)* o *(LG)*.

Vogliamo ringraziare i tanti revisori del nostro libro per aver investito il loro tempo suggerendoci miglioramenti: Robert Boyd,

Paul van den Broek, Jens Broos, Gerard Chiva, Iñigo Contreras, Hans Dekkers, George Dinwiddie, Stuart Donaldson, Jos Duising, Doralin Duta, Jutta Eckstein, Murrae-Ann Erfmann, Earl Everet, Gerald Fiesser, Don Gray, Linda Halko, Shane Hastie, Joy Kelsey, Gert van de Krol, Cem Kulac, Diana Larsen, Kjell Lauren, Niels Malotaux, Claus Malten, Paul Marsh, Oluf Nissen, Lawrence Nyveen, Pierre Pauvel, Kim Payne, Sylvie R., Sebastian Radics. Whitney Rogers, Cherie Silas, Hubert Smits, Lene Søndergaard Nielsen, Ram Srinivasan, Johannes Thönes, Asheesh Vashisht, Matt Verhaegh, Patrick Verheij, Dan Verweij, Robert Weidinger e Willy Wijnands. La vostra opinione ci ha aiutato a rendere questo un libro migliore.

Avere un prologo scritto da Esther Derby ci ha onorato moltissimo. Come noi molti hanno imparato il perché e il come delle retrospettive dal libro *Agile Retrospectives: Making Good Teams Great* che Esther ha scritto insieme a Diana Larsen.

Ringraziamo InfoQ per aver pubblicato questo libro come un minilibro. Questo ha fatto sì che raggiungessimo un pubblico mondiale di professionisti appassionati e coinvolti nell'adozione dell'Agile.

E ancora vorremmo ringraziare tutte le persone che leggono e commentano sui nostri blog. Le vostre opinioni ci aiutano a migliorare la nostra comprensione degli argomenti di cui scriviamo e ci fanno capire che è utile per noi continuare a scrivere post.

Se in qualsiasi momento volete sapere di più sulle Retrospettive agili di valore sentitevi liberi di contattarci. Potete anche iscrivervi alla nostra Valuable Agile Retrospectives mailing list (URL: eepurl.com/Mem7H) per rimanere aggiornati.

Ben Linders & Luis Gonçalves

Prefazione alla traduzione Italiana

Il nostro libro in inglese Getting Value out of Agile Retrospectives è stato tradotto in molte lingue da team di volontari di differenti nazionalità. Quella che state leggendo è la versione italiana di quel libro.

Perché abbiamo dei volontari che si occupano di queste traduzioni? Perché le persone hanno iniziato a chiederci se potevano aiutarci con la traduzione (così come dei volontari si sono occupati di revisionare la versione originale). Quando abbiamo chiesto aiuto, la gente è stata ben contenta di aiutarci. Abbiamo chiesto loro se conoscevano altre persone da inserire nel team e loro hanno invitato altre persone. Ha funzionato!

Un ringraziamento ai molti traduttori, revisori ed editori che ci stanno aiutando a rendere il nostro sogno realtà: aiutare i team in tutto il mondo a valorizzare le loro retrospettive agili!

Ringraziamo inoltre lo staff di InfoQ per il loro continuo supporto durante la stesura e la traduzione dei nostri libri, e InfoQ stessa per aver pubblicato e pubblicizzato i nostri libri come mini-libri su InfoQ.com.

Il libro originale è stato tradotto in Italiano da:

Stefano Porro - software developer dal 2001 (sì, lo stesso anno del Manifesto Agile), dal 2006 ha iniziato a lavorare con Scrum e da quel giorno non si è più fermato. Si è aggiornato continuamente e nel 2014 è diventato uno Scrum Master certificato. Dal 2012 è Job Manager e Scrum Master in Consoft Sistemi SpA a Torino, un'azienda con sedi in tutta Italia e in Tunisia. Potete trovarlo (e contattarlo) in rete su about.me, Twitter, Linkedin, Re.vu, oltre che via mail (e Google+) all'indirizzo stefano.porro81@gmail.com. Gestisce inoltre un sito sulle metodologie agili su Scoop.it e scrive articoli sul mondo di Scrum, e dell'Agile in genere, su AgileKarma.com.

Si ringraziano inoltre Claudia Spagnuolo e Simone Onofri per il preziosissimo lavoro di review sulla traduzione.

Tradurre il libro per noi è un altro modo di condividere la conoscenza e l'esperienza sulle retrospettive agili. I nostri team di volontari sono formati da persone altamente motivate. Voglio aggiornarsi sulle retrospettive e per loro tradurre il libro è un modo di imparare nuove tecniche e usarle nel loro lavoro quotidiano. Come autori li supportiamo spiegando le tecniche, rispondendo alle loro domande e condividendo con loro la nostra esperienza e conoscenza. Se vuoi lavorare con noi sentiti libero di contattarci su luis.goncalves@oikosofy.com o BenLinders@gmail.com.

Introduzione

Questo libro contiene molte tecniche che potrai usare per facilitare le retrospettive, favorito dal "cosa" e "perché" delle retrospettive, dal valore di business e dai benefici che possono portarti, dai consigli per l'introduzione e il miglioramento delle retrospettive.

Le retrospettive delle metodologie agili sono un'ottima attività per migliorare costantemente il modo di lavorare.

Ottenere dalle retrospettive le possibili azioni da compiere e portarle a compimento aiutano i team a imparare e migliorare. Speriamo che questo libro aiuti te e i tuoi team a condurre retrospettive efficaci ed efficienti in modo da riflettere sul tuo modo di lavorare e quindi migliorarlo costantemente.

Questo libro inizia con due capitoli che ti forniranno la risposta alle domande "Cos'è una retrospettiva agile?" e "perché facciamo le retrospettive?" - queste risposte ti aiuteranno a capire lo scopo delle retrospettive e a motivare le persone nel farle.

Il capitolo Il valore di business delle Retrospettive Agili spiega perché le aziende dovrebbero investire nelle retrospettive e come ottenerne ancora più valore.

Il capitolo Prerequisiti delle Retrospettive descrive come preparare la tua azienda a fare retrospettive e discutere degli skill che un buon facilitatore di retrospettive deve avere.

Il capitolo Preparare una Retrospettiva spiega perché è necessario avere a disposizione più tecniche per le retrospettive, come preparare una retrospettiva che sia preziosa per un team, e come puoi creare il tuo personale set di tecniche.

La parte principale del libro è il capitolo con le molteplici Tecniche per retrospettive che potrai usare per condurre le retrospettive dei tuoi team. Ogni volta che farai una retrospettiva e non saprai quale tecnica usare ne potrai scegliere una da questo capitolo.

Il capitolo Benefici delle retrospettive ti dà un'idea di cosa i team agili possono aspettarsi da questa cerimonia.

Adottare le retrospettive agili descrive cosa puoi fare per introdurre le retrospettive nella tua azienda e come migliorare il modo di condurle.

"Ottieni il meglio dalle tue Retrospettive Agili" non vuole insegnarti la teoria delle retrospettive. Per questo ci sono libri come *Agile Retrospectives* di Esther Derby e Diana Larsen e *Project Retrospectives* di Norman Kerth (vedere la Bibliografia per una lista completa di libri e link).

Con le molteplici tecniche presentate, questo libro ti aiuterà a diventare più abile nel fare le retrospettive e nell'ottenerne più valore.

Cos'è una Retrospettiva Agile?

Il manifesto agile enuncia che "un team riflette su come diventare più efficace". Le retrospettive agili possono essere usate dai team per ispezionare e adattare il loro modo di lavorare.

Alla fine di un'iterazione, tipicamente, si hanno due incontri: la sprint review (o demo) che si focalizza sul ricevere le opinioni sul prodotto e si discute su come procedere nell'iterazione successiva, e la retrospettiva, che si focalizza sul team e sui processi che sono usati per sviluppare il software. L'obiettivo delle retrospettive è aiutare i team a migliorare continuamente il loro modo di lavorare. Questo libro parla di come condurre e migliorare le retrospettive.

Una retrospettiva agile, o Sprint Retrospective come viene chiamata in Scrum, è una pratica usata dai team per riflettere sul loro modo di lavorare e diventare sempre migliori in quello che si fa.

Il 12esimo principio agile recita che:

> A intervalli regolari il team riflette su come diventare più efficace, dopodiché regola e adatta il proprio comportamento di conseguenza.

Tutti i membri del team partecipano all'incontro di retrospettiva dove possono "ispezionare" come l'iterazione appena terminata sia andata e decidono come migliorare e "adattare" il loro modo di lavorare e il loro comportamento. Le retrospettive sono un modo efficace di effettuare brevi cicli di miglioramento.

Il facilitatore della retrospettiva (spesso lo Scrum Master) dovrebbe avere un set di possibili tecniche per la retrospettiva e dovrebbe essere capace di scegliere la più efficace a seconda della situazione.

Tipicamente una retrospettiva inizia controllando lo stato delle azioni scelte nella precedente retrospettiva al fine di valutare se possono essere dichiarate concluse e per decidere nuove azioni ritenute necessarie. Le azioni da intraprendere, risultanti da una retrospettiva, vengono comunicate ed eseguite nell'iterazione successiva.

Per assicurarsi che le azioni di una retrospettiva siano effettivamente realizzate possono essere inserite come user stories nel backlog di prodotto, discusse nello sprint planning e posizionate sulla planning board cosicchè rimangano visibili al team.

Perché facciamo le Retrospettive?

Le aziende hanno la necessità di migliorare per rimanere sul mercato e continuare a produrre valore. Il classico miglioramento aziendale che utilizza (enormi) programmi occupa troppo tempo ed è spesso inefficiente e inefficace. Dobbiamo scoprire modi più efficienti per migliorare e le retrospettive possono fornirci la soluzione.

Si dice che la follia sia fare la stessa cose aspettandosi risultati differenti. Se vuoi produrre più valore per i tuoi clienti, devi cambiare il modo in cui fai il tuo lavoro. Il motivo per cui molti team agili usano le retrospettive: aiutarsi nel risolvere problemi e migliorare loro stessi!

Cosa rende le retrospettive differenti dai tradizionali programmi di miglioramento? I benefici che i team possono ottenere dal fare le retrospettive. Possono focalizzarsi sui punti in cui vedono la necessità di miglioramento e risolvere quei problemi che ostacolano il loro progresso. Le retrospettive agili danno potere al team, potere che gli appartiene! Quando i membri del team si sentono responsabilizzati, c'è più interesse del gruppo nel compiere le azioni selezionate (che si è scelto di intraprendere) e ciò che porta ad avere una minor resistenza al cambiamento necessaria affinchè le azioni prescelte durante la retrospettiva producano un risultato efficace.

Un altro beneficio è che il team sarà d'accordo sulle azioni scelte e le trasformerà nel risultato di una retrospettiva. Senza delega, il team guida le proprie azioni! Analizzano ciò che è successo, definiscono le azioni, e i membri del team le seguono. Se necessario possono coinvolgere il Product Owner e gli utenti nelle azioni di miglioramento, ma al team resta il controllo delle azioni. Avere team che conducono un comune viaggio di miglioramento è molto più efficace e anche più veloce ed economico che avere azioni il cui controllo è tenuto da persone al di fuori del team e da altre persone all'interno dell'azienda.

(BL) La mia esperienza è che molti dei risultati di una retrospettiva sono legati a come le persone collaborano e comunicano. Gli skill non tecnici sono importanti nell'IT; gli sviluppatori e i tester sono umani e comunicano. Ma come tutti a volte fraintendono, non sono chiari o semplicemente non ascoltano. Le retrospettive possono essere usate per costruire e mantenere i team e ad aiutarli a diventare più forti. Puoi usare diverse tecniche per la retrospettiva per esplorare i problemi di lavoro in team e di comunicazione. Fare coaching e mentoring aiuta i membri del team a vedere dove le cose sono andate male e a migliorare, e la retrospettiva fornisce un input di valore in questo.

Questi tipi di benefici spiegano perché le retrospettive sono uno dei fattori di successo nell'utilizzare e beneficiare di Scrum.

Valore di business delle retrospettive agili

Le retrospettive agili aiutano i tuoi team ad imparare e migliorare, e quindi incrementano il valore del team nei confronti del cliente e dell'azienda. Possono rendere la tua azienda più veloce, più efficiente e innovativa.

Ecco alcune cose che puoi fare nelle retrospettive al fine di incrementare il tuo valore di business:

- Rendi il team consapevole del fatto che state cercando azioni che possano potenziare il team. Un beneficio delle retrospettive è che le azioni sono definite e fatte dal team per il team.
- Focalizzati sull'imparare e il capire invece di incolpare. Puoi usare la direttiva primaria per impostare una cultura positiva di miglioramento.
- Limita il numero di problemi e le azioni su cui investigare nelle retrospettive. E' meglio avere poche azioni di qualità, che molte azioni con il rischio che non saranno portate a termine. Prova a cambiare una cosa per volta.
- Usa le regole d'oro per il miglioramento del processo agile per aiutare i team a lavorare insieme in modo regolare, efficiente e positivo mentre migliorano il loro modo di lavorare.
- Focalizzati su problemi ben definiti e aiuta i team a trovare le azioni di miglioramento che realmente si adattano a loro e che gli permettono di fare il loro lavoro in modo migliore. Usa le retrospettive per dare potere ai tuoi team e potenziare i tuoi professionisti.

- Usa l'analisi della causa radice per trovare le cause (non gli effetti) dei problemi. Quindi definisci le azioni per prevenirne un'eventuale ricomparsa. Quando le persone capiscono i problemi e le loro cause, sono spesso più motivate nel lavorarci sopra.
- Seguire e valutare il progresso delle azioni per aiutare il team a capire perché alcune di esse hanno funzionato e altre no (apprendimento a doppio anello/ double-loop learning) e rendi il progresso visibile.
- Usa differenti tecniche nelle retrospettive a seconda dei problemi che incontri, lo stato mentale del team, ecc. Assicurati di avere un set di tecniche per la retrospettiva. Quando sei in dubbio su cosa fare, prova qualcosa di nuovo!

Se le retrospettive vengono fatte frequentemente, in modo che tutti possano analizzare ciò che è successo nell'iterazione e che si possa definire azioni atte al miglioramento, allora il team sarà portato naturalmente al miglioramento continuo con un considerevole valore di business nel lungo termine.

Prerequisiti per le Retrospettive

In *Agile Coaching*, Rachel Davies e Liz Sedley esplorano come le retrospettive forniscano un modo per entrare in contatto coi membri del team migliorando i processi e rispondendo direttamente ai problemi incontrati. Purtroppo è piuttosto comune incontrare team che hanno già provato le retrospettive e si sono arresi. Quindi dov'è il problema? Le retrospettive di successo hanno bisogno di molti prerequisiti ed è questo l'argomento che andremo ad approfondire.

In *Project Retrospectives*, Norman Kerth parla di cinque importanti prerequisiti per una retrospettiva di successo: "il bisogno di un rituale"; "dare un nome al processo"; "Direttiva primaria per una retrospettiva"; "il lato oscuro delle retrospettive" e "il facilitatore della retrospettiva".

Il bisogno di un rituale

Solitamente gli esseri umani non si fermano a riflettere durante l'esecuzione di molti progetti. Questa non è un'attività naturale, ed è il motivo per cui è molto importante formalizzare un comportamento e farne un rituale. I rituali uniscono le persone, permettendo loro di focalizzarsi su ciò che è importante e riconoscere eventi significativi o obiettivi raggiunti. E' estremamente importante non usare una retrospettiva per identificare soltanto le parti negative di un progetto. Ogni progetto offre risultati positivi e questi risultati positivi dovrebbero essere celebrati come una piccola vittoria.

Chiunque sia coinvolto in un progetto dovrebbe essere coinvolto nella retrospettiva. L'enorme potenziale di apprendimento di una retrospettiva non dovrebbe essere negato a nessuno dei membri del team. Un'altra ragione per cui ognuno dovrebbe partecipare è che ognuno vede i problemi in maniera differente. Quindi ogni contributo è estremamente importante per costruire approcci migliori per il futuro.

Dare un nome al processo

Nel nostro ambito professionale, le retrospettive possono assumere diversi nomi come: postmortem, post-partum, ricorso post-impegno, ecc. Nello sviluppo agile di software "Retrospettiva" (Retrospective) è il nome attualmente più popolare. E' importante dare un nome chiaro al processo cosicchè tutti, all'interno e all'esterno del processo, lo possano capire. Di solito un team sa cosa significa ma non è cosi raro per il top management possa fraintenderne il significato. "Retrospettiva" è una parola semplice ed esplicativa.

Direttiva primaria per una retrospettiva

Uno degli ingredienti di base per una retrospettiva di successo è il "fattore sicurezza". Le persone devono sentirsi a loro agio, almeno quanto basta per condividere i loro problemi, le loro opinioni e le loro preoccupazioni. E' cosa comune che i membri del team realizzino che non tutto sia andato come previsto, e quando ciò accade devono sentirsi a loro agio affinchè possano parlarne e suggerire diversi modi di affrontare il problema. Norman spiega nel suo libro alcune tecniche per creare un ambiente sicuro per il team. Inoltre spiega che prima di iniziare una retrospettiva dovremmo comunicare una direttiva primaria: "Indipendentemente da ciò che scopriamo, dobbiamo capire e credere davvero che ognuno fa del suo meglio, rispetto alle conoscenze attuali, alle sue competenze e abilità, le risorse disponibili e la situazione corrente."

Noi personalmente abbiamo usato questa idea diverse volte e possiamo garantirne il funzionamento.

Il lato oscuro delle retrospettive

Abbiamo visto diverse retrospettive trasformarsi in sessioni di accusa. E' un avvenimento comune quando una retrospettiva non è ben facilitata. E' importante capire le ragioni di queste accuse e ciò può portare a molti problemi, ma se una sessione di accuse va fuori controllo può rovinare l'intera retrospettiva.

Le persone non accusano con cattive intenzioni. Semplicemente esplicitano cosa li colpisce. Hanno necessità che non sono soddisfatte e hanno bisogno di esprimere le loro emozioni. I problemi avvengono quando l'oggetto dell'accusa viene estromesso dall'accusa e immediatamente si rifugia in un atteggiamento difensivo e contrattacca. Questo può terminare in una retrospettiva improduttiva. Se tutte le retrospettive finissero così, le persone inizierebbero a vederle come incontri inutili e smetterebbero di parteciparvi.

Una tecnica che usiamo è richiedere che le persone esprimano i loro pensieri come fossero desideri invece che accuse. Ciò cambierà il tono di voce che verrà usato e creerà un ambiente sicuro - e avere un ambiente sicuro è una delle cose più importanti per una retrospettiva di successo.

Il facilitatore della retrospettiva

Tutti i precedenti punti sono estremamente importanti, ma senza un buon facilitatore, una retrospettiva probabilmente sarà un disastro. Diventare un buon facilitatore richiede esperienza, allenamento e molto auto-apprendimento. Prima di iniziare una retrospettiva, il facilitatore dovrebbe avere un'idea chiara di cosa vuole ottenere da quella sessione. Un facilitatore con esperienza sarà in grado di saperlo, ma facilitatori con meno esperienza possono aver bisogno di aiuto da parte di facilitatori con maggiore esperienza. Ogni retrospettiva affronta diversi problemi. Il trucco sta nel trovare le tecniche giuste per risolvere i giusti problemi.

I facilitatori con meno esperienza dovrebbero iniziare da piccoli progetti dove le persone si conoscono già da qualche tempo e hanno già lavorato insieme. Un'altra buona opzione per i nuovi facilitatori è affiancare o fare da apprendista ad un facilitatore più esperto. Il facilitatore junior può imparare sotto la tutela di un leader maturo durante il normale orario di lavoro. Con l'esperienza, le persone possono affrontare problemi più grandi e team più grandi. Diventare un buon facilitatore richiede tempo e impegno.

Progettare una retrospettiva

Come facilitatore di una retrospettiva è importante avere un set di tecniche sulle retrospettive che si possa usare per progettarne una. Questo set sarà d'aiuto nel facilitarti le retrospettive portando maggiori benefici ai team con cui lavori.

Perché differenti tecniche di retrospettiva?

I team sono differenti, e anche ciò che i team fanno in ogni iterazione può esserlo. Ecco perché non c'è un'unica tecnica per la retrospettiva che dà sempre i miglior risultati. Prima di iniziare una retrospettiva, dovrete pensare a quale tecnica sarà più adatta.

C'è il rischio che un team si annoi durante le retrospettive con un'unica tecnica. Una soluzione può essere introdurre delle varianti utilizzando differenti tecniche.

Selezionare le tecniche per le retrospettive

Lo scopo di selezionare queste tecniche è progettare una retrospettiva che permetta di ottenere un valore di business. Il valore deriva dal fare una retrospettiva che identifica le cose più importanti su cui un team vuole lavorare per migliorare il loro processo (a proposito, un processo è "il modo in cui lavoriamo qui").

Ma cos'è che è più importante? Può essere il più grande e attuale impedimento che il tuo team ha. Per capirlo, puoi fare un'analisi della causa radice per capirlo e quindi definire una serie di azioni efficaci per rimuoverlo. Forse qualcosa interferisce con l'atmosfera del team e non riescono a fermare questo qualcosa, e nel qual caso la "retrospettiva con una parola" può essere d'aiuto.

Oppure potresti trovare la ragione per cui l'iterazione corrente è fallita o il perché sia stata un grande successo. Potresti indagare su come usare le forze che i vostri professionisti già hanno per migliorare ulteriormente.

La struttura di una Retrospettiva

Il libro *Agile Retrospectives* di Esther Derby e Diana Larsen descrive le attività di cui una retrospettiva si compone:

1. Set the stage (Impostazione)
2. Gather data. (Raccogliere i dati)
3. Generate insights. (Generare intuizioni)
4. Decide what to do. (Decidere cosa fare)
5. Close the retrospective. (Terminare la retrospettiva)

Puoi usare le tecniche per la retrospettiva descritti in questo libro per progettarne una che comprenda tutti i precedenti punti. Per esempio, le tecniche Retrospettiva con una parola o Costellazione possono essere usate per impostare la retrospettiva, combinate con le tecniche Il veliero o Cinque volte perché per raccogliere i dati e generare le intuizioni. Tecniche come Sondaggio di valutazione del team o Retrospettiva basata sui punti di forza possono aiutarti a decidere cosa fare.

Le retrospettive vengono usate per migliorare continuamente, e quindi aiutare i tuoi team e la tua azienda a diventare più agile e snella. Puoi pianificare un incontro per la retrospettiva e pensare a quale tecnica usare, ma sii sempre pronto a cambiarlo in corsa se necessario, ed è questo il motivo per cui avere un set di tecniche è importante.

Crea il tuo set!

Il nostro consiglio ai facilitatori è di imparare molte tecniche per le retrospettive. Il miglior modo per impararle è farle. Utilizza una tecnica, rifletti su come è andata, impara, e migliora te stesso.

Potresti avere bisogno di una specifica tecnica un giorno, quindi sii sicuro di essere preparato!

Questo libro ti fornisce molte tecniche che puoi usare per progettare le retrospettive.

Tecniche per la retrospettiva

Utilizzare differenti tipi di tecniche ti aiuta ad ottenere il massimo dalle retrospettive. I paragrafi seguenti descrivono le tecniche che puoi utilizzare.

Le tecniche descritte in questo capitolo sono:

- Fare domande, una tecnica facile ma potente. Ci sono molte domande diverse che puoi fare. Il trucco è scegliere quelle che aiutano il team a generare intuizioni sulle principali questioni e quelle più urgenti per identificare un potenziale miglioramento. Quindi fare domande più dettagliate permette al team di immergersi ancora più a fondo nella retrospettiva.
- La Stella di mare è una variante della tecnica "Cosa è andato bene? Cosa non è andato così bene? Cosa possiamo migliorare?". Utilizza un cerchio con 5 aree per riflettere su quali attività il team dovrebbe interrompere, quali attività dovrebbe diminuire, quali attività continuare, quali attività dovrebbero essere fatte maggiormente in futuro e quali invece iniziare.
- Il veliero è una tecnica per far ricordare al team i loro obiettivi riguardo il prodotto da consegnare, i rischi che possono incontrare, cosa li sta rallentando e, cosa più importante, cosa può aiutarli a sviluppare dell'ottimo software. Usa una metafora di una barca, scogli, nuvole e isole.
- Quando ci sono argomenti che vanno discussi all'interno del team, puoi usare la tecnica della Retrospettiva con una parola. Inizia chiedendo ad ogni membro del team di definire con una singola parola come si sentono riguardo l'iterazione

14

appena terminata. Queste parole vengono usate per discutere argomenti che potrebbero altrimenti non essere esplicitati.

- I membri del team possono valutare le loro performance come un team, definendo una marca automobilistica che associano all'iterazione. Permette ad ognuno di condividere le loro opinioni riguardo l'iterazione e far emergere argomenti che possono essere migliorati.

- L'umore dei membri del team è spesso condizionato da problemi incontrati durante il lavoro insieme. Avere un team che esprime i suoi sentimenti in una retrospettiva usando l'indice di felicità aiuta a identificare possibili miglioramenti. Questo esercizio usa una rappresentazione grafica delle emozioni dei membri del team.

- Se ci sono problemi significativi che un team vuole evitare in futuro, puoi usare la tecnica del Cinque volte perché. Questo esercizio usa l'analisi della causa radice per andare a fondo delle cause di un problema e definire le azioni per risolverli.

- La tecnica della Costellazione può essere usata per vedere se i membri del team sono in accordo o disaccordo riguardo gli argomenti di loro interesse. E' una tecnica di inizio retrospettiva che può essere usata per aiutare i team a sentirsi a loro agio e parlare liberamente di ogni argomento.

- Il Sondaggio di valutazione del team da la possibilità ai team di fare un'introspezione su differenti aree, ad esempio: performance del Product Owner, gestione delle attività nell'iterazione, lo spirito del team e l'implementazione di best practices tecniche. Questa tecnica si basa sul sondaggio di valutazione del team nel Scaled Agile Framework.

- Una Retrospettiva basata sui punti di forzavisualizza, appunto, i punti di forza che i membri del team e i team possiedono utilizzando un approccio focalizzato sulla soluzione. Aiuta ad esplorare modi di usare i punti di forza come una soluzione ai problemi che i team stanno affrontando.

- L'albero dell'alto rendimento è una metafora che viene usata per aiutare i team a costruire una vision e definire un punto di arrivo. L'esercizio si basa sulla retrospettiva con l'albero dell'alto rendimento originariamente creato da Lyssa Adkins.

- Quando i team devono maturare, la Mappa del flusso di valore è una tecnica che li aiuta a capire le insidie e a trovare modi per migliorarsi. Questa tecnica visualizza il modo in cui il team sviluppa il software. Rivela le dipendenze e mostra sprechi nel processo di sviluppo software.

- Quando hai un progetto agile con più team, puoi fare una retrospettiva delle retrospettive per migliorare la collaborazione tra i team. E' un modo efficiente di condividere l'apprendimento in un progetto e risolvere i problemi che un progetto sta affrontando.

Come sono spiegate le tecniche?

Tutte le tecniche per la retrospettiva sono spiegate nel seguente formato:

- *Cosa puoi ottenere da questa tecnica:* I risultati potenziali che puoi ottenere dall'uso di questa tecnica e i benefici di usare questa tecnica.
- *Quando si usa:* Situazioni nelle quali questa tecnica può essere più utile
- *Come si fa:* Una descrizione dettagliata della tecnica e di come applicarla.

Fare domande

Una tecnica spesso usata nelle retrospettive agili è fare delle domande al team e raccogliere e raggruppare le risposte. I risultati possono essere usati per definire delle azioni di miglioramento che il team potrà intraprendere nella prossima iterazione.

Cosa puoi ottenere da questa tecnica

Fare delle domande aiuta i team che hanno appena iniziato a riflettere sul come migliorare il loro modo di lavorare per diventare agili e "snelli" (lean). Realizzare che si possono ottenere dalle retrospettive delle azioni motiva i team a imparare e migliorare continuamente.

Puoi aiutare i team maturi facendo domande più dettagliate così da permettere loro di affinare il loro modo di lavorare.

Quando si usa

Se non sei mai stato il facilitatore di una retrospettiva, fare domande è un modo semplice di iniziare. Visto che le domande possono variare, diventa più semplice adattarle a differenti situazioni.

Come si fa

Con un team nuovo alle retrospettive puoi usare le quattro domande chiave che sono state ben definite da Norman Kerth:

- Cosa abbiamo fatto bene e che potremmo dimenticare se non ne parliamo?
- Cosa abbiamo imparato?
- Cosa dovremmo fare in maniera diversa la prossima volta?
- Cosa ancora ci confonde?

Le quattro domande sono solitamente molto efficaci. Chiedere "Cosa dovremmo fare in maniera diversa la prossima volta" sollecita i membri del team a cercare ciò che vogliono cambiare. Spesso aiuta a facilitare una discussione, a capire perché un processo necessita di un cambiamento, a generare consapevolezza e l'impegno comune per le azioni che il team intraprenderà.

"Cosa abbiamo fatto bene" è un approccio focalizzato sulla soluzione che può essere usato in una retrospettiva basata sui punti di forza. L'aggiunta del "che potremmo dimenticare se non ne parliamo" rende la domanda ancora più significativa; se qualcosa è andato per bene casualmente, va bene, ma cosa puoi fare per assicurarti che continuerà ad essere così?

La domanda "Cosa ancora ci confonde" può portare ad utili intuizioni rivelando elementi che erano rimasti sepolti in precedenza. Se questi elementi sono esplicitati, una Retrospettiva con una parola può venire utilizzata per entrare in contatto con le emozioni del team. Chiedere "Cosa abbiamo imparato" rende le persone consapevoli che per diventare migliori dovranno imparare. Se la domanda non porta alcuna risposta in più retrospettive consecutive può diventare un segnale che il team non sta provando con convinzione sufficiente nuove cose. Ed è qualcosa su cui indagare usando l'analisi della causa radice.

Fare domande è una tecnica facile da imparare ma l'efficienza dipende indubbiamente dalle domande che poni al team. (BL) Lavorando con team agili e non, sono stato coinvolto in stime di progetti, revisioni e valutazioni usando CMMI e People-CMM, retrospettive e molti altri tipi di sessioni di feedback. Le domande qui di seguito sono un mix di questi framework, ma formulate in un modo tale che potrai usarle in una retrospettiva agile per sollecitare i team a trovare le cose in cui possono migliorare.

Ad esempio:

- Cosa vi aiuta ad essere un team di successo?
- Come ci siete riusciti?
- Dove e quando abbiamo sbagliato in questa iterazione?
- Cosa vi aspettate, da chi?

- Quali strumenti o tecniche si sono dimostrate utili? E quali no?
- Qual è il vostro impedimento più grande?
- Se poteste cambiare qualcosa, quale sarebbe?
- Cosa ha causato i problemi di questa iterazione?
- Potreste fare qualcosa per eliminare queste cause?
- Di cosa avete bisogno dalle persone esterne al team per risolvere i problemi?

Il trucco è scegliere le domande che aiutano il team a generare intuizioni riguardo i problemi principali che stanno avendo, e domande che li aiutino a visualizzare il loro miglioramento potenziale.

Usa domande aperte per suscitare risposte che portano più informazioni, e usa domande supplementari per generare nuove intuizioni su ciò che è accaduto. Chiedi loro degli esempi affinchè si creino delle situazioni concrete, riassumi le risposte per costruire una comprensione comune nel team e quindi arrivare a scegliere delle azioni che il team farà.

Stella di mare

La tecnica della stella di mare è un'evoluzione delle tipiche tre domande usate per le retrospettive: Cosa è andato bene? Cosa non è andato altrettanto bene? Cosa dovremmo migliorare?

Cosa puoi ottenere da questa tecnica

Questa tecnica aiuta a identificare i problemi e le opportunità per il team. Invece delle tre domande di cui sopra, abbiamo un cerchio con cinque parole:

- *Stop* - Queste sono le attività che non portano valore al team o al cliente; le attività che creano spreco.
- *Less* - Queste sono le attività che richiedono molto lavoro e producono pochi benefici. Possono essere attività portate nel team dal passato ma che non hanno portato alcun miglioramento nel processo.
- *Keep* - Queste sono le attività giuste o delle prassi che i membri del team vogliono mantenere e che vengono già eseguite normalmente. Queste attività vengono già applicate normalmente.
- *More* - Queste sono le attività sulle quali il team dovrebbe focalizzarsi e lavorare più spesso. Per esempio, molti team mi dicono quanto il pair programming sia utile ma che non hanno bisogno di farlo in continuazione.
- *Start* - Queste sono le attività - o le idee - che un team vuole attuare.

Con questa tecnica i team possono ottenere una panoramica che spieghi cosa succede, cosa sta funzionando e cosa non sta funzionando. Possono ottenere una panoramica sia di cosa ha fallito sia di cosa ha avuto successo. *(LG)* A mio parere, penso che sia una grande evoluzione delle tre domande tipiche.

Quando si usa

Credo che questa semplice tecnica non richieda nessuna occasione speciale. Può essere interessante per situazioni nelle quali il team ha un andamento non costante durante l'iterazione. La stella di mare rivela le azioni buone tanto quanto rivela le azioni meno positive che il team ha intrapreso e quindi potrebbe essere un buono strumento per riassumere l'iterazione stessa.

La stella di mare è adatta ad ogni team e non richiede uno specifico livello di maturità.

Come si fa

Questa tecnica è semplice da eseguire. Prima di tutto, disegniamo questa figura:

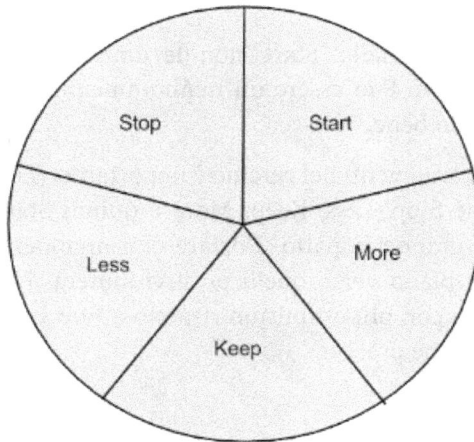

Stella di mare

Uno degli aspetti migliori di questa tecnica è il fatto che un team non necessita di essere nello stesso luogo fisico. Possono essere utilizzati strumenti come Lino, ad esempio, per usare la tecnica con team remoti. Lino permette agli utenti di fare qualsiasi cosa sia necessaria per il corretto utilizzo di questa tecnica.

Dopo aver disegnato la figura su un foglio di una lavagna a fogli mobili si può iniziare una sessione in cui il team va ad inserire le sue idee nell'area "Stop". Quindi dare due o tre minuti ad ogni persona per leggere ad alta voce le sue idee e discuterne per 10 minuti per valutare se tutti sono allineati.

Ripetere la tecnica per le altre aree, esclusa la "Start".

Per questa infatti bisogna aggiungere un passo. Usando l'approccio Toyota, scegliere un singolo argomento di cui parlare. Puoi fare una votazione per vedere se l'argomento di partenza è per tutti ugualmente importante. Dopo averlo selezionato, progetta una piccola strategia per assicurarti che l'argomento venga ben sviscerato. Questa strategia può includere le persone responsibili dell'argomento, date di scadenza e, cosa più importante, i criteri di successo.

L'argomento scelto nello "Start" non deve necessariamente essere nuovo per il team. Può essere un miglioramento di qualcosa che non sta andando bene.

L'ordine degli argomenti nel cerchio è importante. *(LG)* A me piace ordinarli come Stop, Less, Keep, More e quindi Start. Penso che ciò abbia un grande impatto. Iniziare con argomenti negativi e andando pian piano verso quelli positivi aiuterà il team a finire la retrospettiva con più ottimismo rispetto a fare la stella di mare senza alcun ordine preciso.

Il veliero

La ragione per cui questa tecnica sia molto interessante sta nel fatto che permette ad un team di pensare ai propri obiettivi, impedimenti, rischi e buone pratiche con un semplice pezzo di carta.

(LG) Ho imparato questa tecnica un paio d'anni fa quando ho lavorato con Vasco Duarte. Di recente ho visto un aggiornamento sul blog di Pedro Gustavo. Per la mia esperienza questa tecnica viene recepita bene dai team proprio grazie la sua semplicità.

Cosa puoi ottenere da questa tecnica

Questa tecnica aiuta i team a definire una visione. Li aiuta a identificare i rischi, a identificare cosa li rallenta e cosa veramente li spinge verso i loro obiettivi.

Quando si usa

Questa tecnica è semplice e non richiede un'occasione speciale. Può essere interessante per le retrospettive con più team. *(LG)* Mi è capitato non troppo tempo fa di occuparmi di due team che lavoravano insieme. A causa del loro livello di interdipendenza avevano deciso di fare una retrospettiva comune per risolvere i problemi. Abbiamo quindi messo i nomi dei due team sul veliero ricordandogli che eravamo tutti sulla stessa barca, puntando alla stessa direzione.

Questa tecnica rivela tutti gli elementi buoni e quelli meno buoni. Aiuta il team a identificare possibili rischi e ricorda loro quale sia la destinazione.

E' inoltre adatta ad ogni team non richiedendo un livello di maturità specifico.

Come molte altre tecniche, questa non richiede che il team sia presente fisicamente.

Come si fa

Disegna una barca, degli scogli, nuvole e un paio di isole come nel disegno sottostante:

Veliero

Le isole rappresenteranno l'obiettivo/la visione del team. Lavorano tutti i giorni per raggiungere la terra ferma. Gli scogli invece rappresentano i rischi che potrebbero incontrare sulla rotta. L'àncora rappresenta tutto ciò che li rallenta, mentre le nuvole e il vento sono tutto ciò che li aiuta ad avvicinarsi all'obiettivo.

Con il disegno sul muro, scrivete in basso sul foglio la visione o gli obiettivi del team. Cominciate un brainstorming durante il quale il team inserisce le idee con dei post-it sulle aree del disegno (questa fase non deve durare più di 10 minuti). Di seguito dai modo ad ogni membro del team di leggere ad alta voce le sue idee.

A questo punto discutere con il team su come può continuare a lavorare sui temi indicati sui post-it attaccati sull'area delle nuvole. Queste sono le idee che fanno bene al team e che devono continuare a fare. Continuare quindi parlando di come mitigare i rischi.

Lasciare che sia il team a scegliere le cose che più li rallenta. Se ci fosse disaccordo nel team su quale scegliere si può indire una sorta di votazione. Quindi far definire al team i passi da seguire per poter correggere i problemi così da concludere la retrospettiva.

Retrospettiva con una parola

La retrospettiva con una parola aiuta i team ad affrontare i sentimenti. Rappresenta un punto di controllo dove ogni membro del team riassume con una parola la propria sensazione riguardo l'ultima iterazione e riguardo al team. Esprimendosi con queste singole parole il team si allinea sui problemi maggiori che stanno incontrando e decide quali azioni mettere in campo per risolverli.

Cosa puoi ottenere da questa tecnica

Questa tecnica è un modo efficace per parlare di ciò che rallenta il team e per arrivare ad un accordo comune su come affrontare questi problemi. E' possibile usare questa tecnica per migliorare la comprensione, il rispetto reciproco nel team e la collaborazione. Può insegnare ai membri del team ad esprimersi in maniera migliore e trovare dei modi per affrontare i loro sentimenti, siano essi positivi o negativi.

Quando si usa

Usare questa tecnica quando ci sono argomenti sensibili di cui il team deve parlare. Per esempio quando un team sta soffrendo per il modo in cui collaborano o se conflitti e problemi personali tra i membri del team stanno peggiorando lo spirito del team, questa tecnica può aiutarvi a fare una retrospettiva di valore.

E' anche possibile usare la retrospettiva con una parola come tecnica di check-in, per preparare i membri del team ad una retrospettiva. Se il team sta avendo problemi maggiori, questo check-in con una parola e la discussione che ne consegue può diventare l'intera retrospettiva!

Come si fa

Fai in modo che ogni membro del team esprima in una sola parola la sua sensazione sulla iterazione passata. Ripeti ogni parola e scrivile su una lavagna visibile a tutti. Inizia quindi a chiedere perché si sentono così. Usa le esatte parole utilizzate dai membri del team per avviare un dialogo nel quale i membri del team esprimano sentimenti che altrimenti non verrebbero esternati.

Arriva ad una comprensione condivisa dal team e fai una lista dei problemi maggiori. Quindi controlla col team se sono tutti d'accordo. Chiedere al team quali azioni vuole pianificare per la prossima iterazione al fine di risolvere quei problemi.

Una variante di questa tecnica è quella di usare immagini prese dai giornali o dal web o disegnate direttamente dai membri del team per rappresentare come si sentonto riguardo ciò che sta succedendo nel team.

Per poter fare una retrospettiva con una parola hai bisogno di:

- Stabilire un rapporto di fiducia e apertura mentale.
- Rispettare le persone e i loro sentimenti.
- Essere in grado di affrontare i problemi.

La fiducia è importante in ogni retrospettiva, ancora di più quando si affrontano i sentimenti e le emozioni delle persone. I membri del team devono sentirsi tranquilli di poter parlare apertamente dei problemi e di esprimere il loro stato d'animo. Come facilitatore devi far sì che sia chiaro che ciò che verrà detto rimarrà all'interno del team. E' responsabilità del team scegliere cosa fare dei risultati, anche se dovessero decidere di non intraprendere alcuna azione.

Come facilitatore devi rispettare le opinioni dei membri team e assicurarti che ognuno di loro rispetti quelle degli altri. Se le persone iniziano ad incolparsi o accusarsi a vicenda ricorda loro che lo scopo della retrospettiva è capire cosa è successo e imparare da questo. Ricorda loro la direttiva primaria della retrospettiva.

Infine è importante affrontare i problemi che vengono esposti. Le persone si prendono rischi parlandone. Devono sentirsi premiati dal fatto che il team può risolverli. I membri del team devono lasciare la stanza sentendo che sono stati ascoltati e capiti. E dovrebbero serntire di avere la forza di risolvere i problemi con il team.

Marca automobilistica

Una delle parti importanti di una retrospettiva di successo è un inizio interessante. Dobbiamo impostare (set the stage) la retrospettiva permettendo al team di sentirsi a suo agio nel parlare liberamente di qualsiasi argomento.

Cosa puoi ottenere da questa tecnica

Nonostante questa tecnica sia semplice offre molte informazioni da poter usare per fare una retrospettiva completa. Dà la possibilità alle persone di spiegare come si sentono al riguardo dell'iterazione appena terminata senza deliberatamente esprimere la loro opinione. Ciò è molto importante quando i membri del team non si conoscono ancora bene e non si sentono ancora a loro agio nell'esprimere liberamente i loro sentimenti.

Quando si usa

Questa tecnica non richiede circostanze particolari. Aiuta a rivelare le opinioni individuali permettendo ad ognuno di avere una comprensione comune di ciò che gli altri pensano. E' importante perché i membri del team devono essere allineati tra loro.

Come si fa

Quando la retrospettiva inizia fare al team una semplice domanda: "Se pensassi a questa iterazione come a una marca automobilistica, che marca sceglieresti?". Puoi spiegare, ad esempio, che se l'iterazione è stata perfetta probabilmente chiunque sceglierebbe una Ferrari. Se l'iterazione ha avuto invece un'andamento altalenante una Fiat sarebbe più adatta. Dare al team due o tre minuti per pensare ad una marca che rispecchi la loro idea.

Quando tutti hanno avuto abbastanza tempo per decidere invitarli uno alla volta a rivelare la loro macchina. Non deve essere avviato ancora il dialogo, le persone avranno il tempo di spiegare le loro scelte durante la retrospettiva. Far sì che ognuno ascolti le scelte degli altri. Ciò creerà una visione di massima delle sensazioni del team. Dopo di ciò dare ai membri del team 10 minuti per pensare a come vorrebbero cambiare l'iterazione passata per trasformare la macchina scelta in quella dei loro sogni.

I membri del team forniranno dozzine di cambiamenti, ma l'esperienza insegna che molti di essi saranno condivisi. Come facilitatore devi provare a classificarli in gruppi. Per esempio è possibile chiedere al team di usare un sistema di votazioni per scegliere i cambiamenti più critici che vorrebbero attuare nella prossima iterazione.

Per questa tecnica la base è una marca automobilistica ma è possibile usare qualsiasi cosa che abbia senso. I membri del team potranno andare in qualsiasi parte del mondo ma saranno ancora in grado di usare questa tecnica con il supporto eventuale di strumenti virtuali.

Indice della felicità

Le emozioni sono una parte cruciale della vita di tutti i giorni. Essere capaci di associare le emozioni ad eventi è un modo fantastico per capire cosa sta succedendo intorno a noi. L'indice della felicità è una combinazione di "Sviluppa una time line" e "il sismografo delle emozioni" di Norman Kerth.

Cosa puoi ottenere da questa tecnica

Lo scopo di questa tecnica è creare una rappresentazione grafica delle emozioni dei membri del team durante l'iterazione collegando queste emozioni agli eventi accaduti nell'iterazione stessa. Con questo tipo di informazione il team può identificare cosa ha inciso sulle performance. Conoscere queste cause permette al team di risolvere problemi futuri. Per esempio, se il server di sviluppo causa problemi il team probabilmente sarà frustrato dall'impossibilità di procedere con il lavoro e l'umore generale subirà una caduta. Il team può analizzare il problema e trovare delle soluzioni per ovviare a problemi simili nel futuro. Allo stesso modo se il team è di buonumore per una piccola vittoria perché non applicare la stessa tecnica per risolvere con successo eventuali problemi nel futuro?

Quando si usa

Questa tecnica può essere adatta per situazioni in cui il team sperimenta molte emozioni differenti durante l'iterazione e desidera analizzarne le conseguenze. E' anche una buona tecnica nel caso in cui il team stia affrontando diverse sfide nell'iterazione e vorrebbe capire meglio quando e come i problemi vengono a galla.

L'indice della felicità è adatta per qualsiasi team di qualsiasi seniority.

Come si fa

Per applicare questa tecnica si ha bisogno semplicemente di un foglio bianco di carta e dei post-it. Disegnare due assi sul foglio indicando sull'asse dell'Y dei valori positivi e negativi, mentre l'asse delle X indicherà i giorni dell'iterazione.

Ci sono due modi per utilizzare questa tecnica: nella retrospettiva con il team al completo o a piccoli incrementi durante l'iterazione.

Per la prima opzione creare gruppi di due o tre persone. Chiedere di discutere tra loro degli eventi occorsi nell'iterazione. Di seguito chiedere loro di indicare su un grafico il livello delle emozioni rispetto agli eventi. Quando tutti i gruppi avranno terminato creare una rappresentazione di tutti i risultati sul grafico disegnato poc'anzi. Non dimenticare di inserire una spiegazione di ogni differente emozione.

Per effettuare la seconda opzione ogni membro del team deve arricchire il proprio grafico alla fine di ogni giornata lavorativa. Questo approccio assicura che tutti gli eventi siano presi in considerazione e non dimenticati.

In entrambi i casi il team produrrà un disegno meraviglioso di ciò che è accaduto durante l'iterazione. Con questo tipo di informazione un facilitatore può aiutare il team a identificare gli eventi che andrebbero ripetuti e quelli che potrebbero causare ritardi o problemi. L'origine dei problemi può naturalmente essere scovata utilizzando la normale analisi della causa radice.

Con un po' di immaginazione questa tecnica può essere applicata anche ai team remoti oltre che ai team in presenza.

Cinque volte perché

La retrospettiva con la tecnica del Cinque volte perché utilizza l'analisi della causa radice per identificare la causa reale di un problema. Aiuta i team a trovare azioni che possono eliminare tali problemi.

Cosa puoi ottenere da questa tecnica

Una retrospettiva fatta con questa tecnica aiuta a trovare le azioni efficaci per non rincorrere negli stessi problemi e a prevenire problemi simili in futuro.

Quando si usa

Quando i team si trovano ad affrontare problemi simili nelle loro iterazioni e le retrospettive sembrano non riuscire a interrompere questo circolo vizioso, questa tecnica aiuta tutti a trovare le cause radice dei problemi.

Come si fa

Chiedere ripetutamente "Perché" fa sì che si costruisca una visione condivisa delle cause. Ogni causa identificata tramite il perché viene approfondita ulteriormente per capire per quale motivo questa si sia verificata, fino a che la causa radice non sarà trovata.

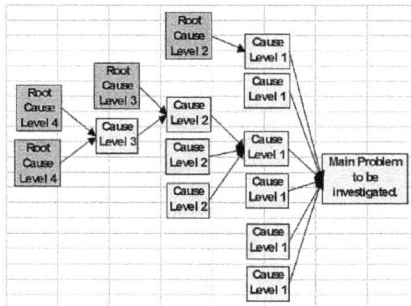

Grafico di causa/effetto

Disegnare un grafico causa-effetto che mostri su differenti livelli le cause trovate chiedendo perché. Solitamente ci vogliono dai quattro ai sette livelli di cause ed effetti per arrivare ad una situazione di cui nessuno conosce la risposta o arrivare ad un dettaglio che nessuno sente di dover approfondire ulteriormente. Questo è il punto in cui sarà stata identificata una causa radice. Ripetere fino a che non saranno state determinate le cause radice di tutte le cause di "alto livello" precedentemente identificate. Non bisogna fermarsi troppo presto ma essere sicuri di aver trovato realmente le cause radice.

Una volta che sono state identificate tutte le cause radice chiedere al team di trovare delle azioni che eviterebbero a delle cause simili di provocare problemi in futuro.

Ci sono alcune cose a cui fare attenzione quando utilizzate questa tecnica:

- Analizzare problemi reali, non immaginari. Chiedere ai membri del team di esprimere le cause che davvero sono successe e non quelle che sarebbero potute accadere (prevenendo quindi degli assunti). Il team deve riconoscere le cause e riconoscere che sono reali così da definire azioni e soluzioni efficienti.
- Ci sono sempre molteplici cause per un singolo problema. Non fermarti quando hai trovato la prima causa radice. Investi abbastanza tempo nell'analisi per trovarle tutte e ottenere una buona comprensione di come le cause sono tra loro collegate.
- Variare il proprio modo di chiedere perché per meglio capire le cause reali. Ciò richiede alcune competenze della persona che sta facilitando la retrospettiva. Può essere il tuo Scrum Master (che potrebbe aver bisogno di essere aiutato nell'attuare questa tecnica) o un facilitatore esperto che sa come la tecnica descritta può essere usata per raggiungere la radice del problema.
- Le cause radice hanno quasi sempre a che fare con le persone. E' raro che sia un problema tecnico o legato a qualche

strumento. La maggior parte delle volte si ha a che fare con le competenze, conoscenze, il modo di fare il lavoro, leadership, potere, autorità, comunicazione o collaborazione.

Questa tecnica è simile all'attività dei "Cinque perché" descritta nel libro *Agile Retrospectives* di Esther Derby e Diana Larsen.

Una retrospettiva effettuata con questa tecnica è basata, come precedentemente detto, sull'analisi della causa radice dei problemi, una tecnica globalmente riconosciuta. Degli strumenti pratici per l'analisi della causa radice che possono essere usati dai facilitatori sono un processo di analisi della causa radice e una checklist per l'analisi della causa radice.

Costellazione

Per avere successo con una retrospettiva dobbiamo prima impostarla (set the stage) mettendo il team a suo agio di parlare liberamente di qualsiasi argomento. La costellazione serve proprio a questo.

Cosa puoi ottenere da questa tecnica

Questa tecnica si utilizza con persone a cui non piace o che non si sentono a loro agio nel condividere apertamente le loro opinioni o i loro sentimenti. Questo è particolarmente vero all'inizio di un progetto quando i membri del team ancora non hanno piena fiducia gli uni degli altri. Background culturali differenti e personalità possono rendere difficile rispondere alle domande. Questa tecnica può aiutare a mitigare questi problemi perché le persone non dovranno parlare per rispondere alle domande. Un altro vantaggio è che questa tecnica rivela ciò che l'intero team pensa di uno specifico argomento senza il bisogno di discuterne.

Quando si usa

Questa tecnica può far iniziare qualsiasi retrospettiva. Potrebbe essere adatta quando lo Scrum Master/Coach Agile sente che il team non ha la stessa opinione riguardo le pratiche utilizzate all'interno del team. E' una buona tecnica per rilevare le opinioni degli individui permettendo però una comune comprensione riguardo a ciò che gli altri pensano. Ciò è importante perché i membri del team devono essere allineati. Per esempio se qualche membro del team pensa che il livello di automazione sia buono, mentre altri pensano il contrario, non c'è modo che il team lavori insieme per migliorare in questo argomento.

Come si fa

Cominciare la retrospettiva dando il benvenuto ai membri del team e definendo un obiettivo positivo per la sessione.

Cominciare creando uno spazio libero nella stanza. Togliere i tavoli e le sedie se necessario. Mettere un oggetto sul pavimento spiegando che quell'oggetto rappresenta il centro dell'universo. Gentilmente chiedere al team di formare un circolo intorno ad esso. Spiegare che leggerai alcune frasi e che, mentre tu leggerai, loro dovranno muoversi più vicino o più lontano dall'oggetto a seconda di quanto per loro quella frase sia vera. Quindi se concordano con ciò che hai detto dovranno muoversi più vicino possibile al centro dell'universo. Se non concordano con quanto hai detto dovranno invece allontanarsi dal centro dell'universo. Una volta che avrai letto una domanda lascia che il team osservi il sistema appena creato. Come Lyssa ha scritto, "Lascia che il sistema riveli sé stesso".

Puoi scegliere frasi appartenenti a differenti aree che andrebbero migliorate - tecnologia, innovazione e persone. Nell'area tecnica è possibile fare domande come "Quanto è difficile muoversi in uno scenario dove possiamo fare un rilascio ad ogni check-in? Quanto è difficile fare test sul 100% del codice? Quanto è difficile sbarazzarsi dei test manuali?"

Per l'area delle persone è possibile dire frasi come "Lavorare in questo team mi da una fantastica sensazione di appagamento. Lavorare in questo team mi fa sentire super apprezzato. Lavorare in questo team mi permette di sviluppare me stesso come persona e come professionista."

Le frasi per l'innovazione possono includere "Sento che siamo il team più innovativo di tutta l'azienda. Sento che abbiamo l'autonomia necessaria a sviluppare tutte le nostre idee. Sento che il nostro prodotto è così innovativo che nessuno sul mercato si avvicina ad avere qualcosa di simile."

Quando è stato scelto un argomento, fare tante domande su di esso lasciando che il team veda dove si è posizionato rispetto al centro dell'universo. Non hanno ancora bisogno di parlare; stanno rispondendo con i movimenti che mostrano la loro posizione rispetto al sistema.

Continuare a fare domande finché si sente una buona vibrazione provenire dal team. Per beneficiare completamente di questa tecnica alla fine chiedere al team "Siete sorpresi della forma di questo universo?" lasciando che si parlino un po' tra loro. E' importante assicurare una conversazione salutare.

Come step successivo prendere le tre frasi con le opinioni maggiormente differenti per farne discutere il team affinché ognuno arrivi ad una comprensione comune di dove sono e di dove vorrebbero essere nell'universo di cui stanno facendo parte. Dopo di ciò concordare col team chi avrà la responsabilità dei vari argomenti e terminare la retrospettiva. È possibile utilizzare questa tecnica anche in maniera virtuale. Avere tutto il team nella stessa stanza aiuta, certo, ma non è necessario. Puoi fare ricorso a strumenti come Lino per usare questa tecnica con i team distribuiti.

Sondaggio di valutazione del team

(*LG*) Negli ultimi mesi ho iniziato a vedere il framework SAFe di Dean Leffingwell. Questo framework utilizza un sondaggio di valutazione del team.

Questa tecnica mette a disposizione un set di misurazioni che un team può usare per determinare oggettivamente la propria performance a livello di progetto.

Cosa puoi ottenere da questa tecnica

Questa tecnica aiuta i team nella loro transizione verso le metodologie agili. Permette ai team di analizzare la loro performance in differenti aree e identificare possibili miglioramenti per il futuro.

La valutazione si ha su quattro aree principali:

- Robustezza della Product-ownership: come il product-owner sta procedendo.
- Andamento dell'iterazione: come le attività all'interno dell'iterazione sono state gestiste.
- Robustezza del team: la forza dello spirito del team.
- Robustezza tecnica: quanto il team ha implementato le best practices tecniche.

Ognuna di queste aree comporta diverse domande che possono essere valutate da zero a cinque (dove zero è il valore più negativo) dando modo al team di valutare le aree che necessitano di maggiore attenzione.

Questa tecnica ti aiuta a capire la robustezza globale in ambito agile dei team.

Quando si usa

Questa tecnica può essere adottata in situazioni nelle quali il team vuole capire più a fondo quanto stiano correttamente adottando le pratiche dell'Agile. Questa tecnica non risolve problemi specifici che sono occorsi durante l'iterazione, ma può far capire il perché di questi problemi. Ad esempio un team che trova molti bug durante lo sviluppo potrebbe accorgersi che le loro pratiche di testing automatizzato e unitario non sono ben implementate.

Come si fa

Per usare questa tecnica è necessario un foglio elettronico. Il foglio elettronico avrà quattro aree principali (quelle descritte precedentemente). Per ogni area creare diverse domande appropriate. Tutti i membri del team devono rispondere a queste domande prima dell'inizio della retrospettiva. Puoi far riferimento alle domande utilizzate dalla valutazione del SAFe Team Scrum XP che trovi nello Scaled Agile Framework. Di seguito un paio di esempi per ciascuna area.

Robustezza della Product-ownership:

- Il Product Owner facilita lo sviluppo delle user story, la prioritizzazione e la negoziazione.
- Il Product Owner collabora proattivamente con il management del prodotto e con gli stakeholder.

Andamento dell'iterazione:

- Il team pianifica l'iterazione in maniera collaborativa, efficace ed efficiente.
- Il team ha sempre chiaro i goal dell'iterazione a sostegno degli obiettivi del PSI (Potential Shippable Increment - Incremento potenzialmente consegnabile) e si impegna a raggiungerli.

Robustezza del team:

- I membri del team sono auto organizzati, si rispettano l'un l'altro, si aiutano a raggiungere gli obiettivi dell'iterazione, gestiscono le inter-dipendenze e sono sincronizzati tra di loro.
- Le storie vengono reiterate nello sprint con molteplici cicli di definizione-implementazione-test (ossia, l'iterazione non sta seguendo la struttura Waterfall).

Robustezza tecnica:

- Test di accettazione e unitari automatizzati fanno parte delle storie.
- Le DoD (Definition of Done) sono sempre in refactoring.

Tutte queste frasi possono essere valutate da zero (mai) a cinque (sempre).

Team Agility Assessment Radar Chart

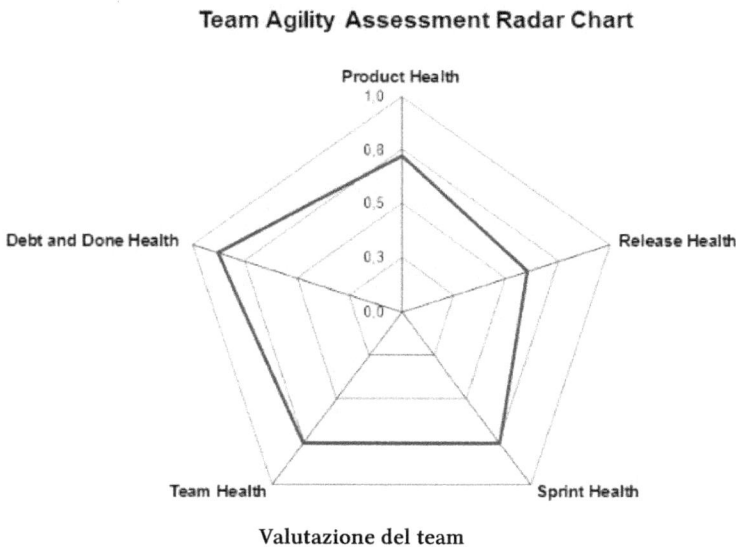

Valutazione del team

Durante la retrospettiva i membri del team riempiono insieme il foglio elettronico valutando loro stessi per capire quali valutazioni fare. Se desideri puoi creare un grafico per mostrare il risultato della valutazione, come nell'immagine qui sopra.

La visualizzazione di questa valutazione farà sì che il team ne apprezzi il risultato. Con il grafico davanti il team potrà decidere quale area migliorare, scegliendo una sola area e un solo argomento dell'area per volta.

Come molte altre tecniche questa non richiede una collocazione fisica del team fintanto che si disponga di qualche tipo di meccanisco di valutazione a cui tutti possono accedere.

Retrospettiva basata sui punti di forza

Come diventare un team eccellente che sia abile a eguagliare e superare le aspettative del cliente? Diventando sempre migliori nelle cose in cui già sei grande. Ciò può essere fatto utilizzando una retrospettiva basata sui punti di forza focalizzandosi sulle soluzioni agli eventuali problemi.

Cosa puoi ottenere da questa tecnica

Questa tecnica aiuta i team a migliorarsi, focalizzandosi sui punti di forza individuali e collettivi e applicando questi stessi punti di forza per migliorare.

Una retrospettiva focalizzata sulla soluzione è basata sulla terapia focalizzata alla soluzione. Questo tipo di terapia non si focalizza sul passato quanto piuttosto nel presente e nel futuro. Esamina ciò che funziona in una determinata situazione e lo utilizza per risolvere i problemi esistenti. E' un modo positivo di migliorare esplorando le possibilità e rivelando i punti di forza che le persone e i team potrebbero non sapere di avere.

Quando si usa

Nelle retrospettive i team solitamente fanno ricorso ad una tecnica per riflettere sul lavoro fatto, analizzare ciò che è successo e perché, definendo quindi azioni di miglioramento per la prossima iterazione. Queste azioni implicano che si cambierà il modo di lavorare. Una retrospettiva basata sui punti di forza è un approccio differente. Invece di partire da una lista di azioni per iniziare a fare cose nuove (che potresti non essere capace di fare), le tue azioni saranno dettate dal fare maggiormente le cose che già fai e che fai bene.

Se il tuo team sta lavorando per migliorare il suo livello di felicità, allora questa tecnica può essere utile per capire in cosa sono bravi. Spesso queste cose sono le stesse che li rendono felici.

Come si fa

Una retrospettiva basata sui punti di forza è fatta da due parti: scoprire i punti di forza e quindi definire le azioni per utilizzarli. Entrambe le parti sono composte da domande per la retrospettiva che i membri del team chiedono a loro stessi.

Scoprire i punti di forza: pensare a qualcosa che è riuscita bene in questa iterazione, che il team ha gestito per andare oltre le aspettative e che ha prodotto benefici per te, per loro e/o per i clienti. Ora fare a se stessi e al team le seguenti domande:

- Come abbiamo fatto? Cosa abbiamo fatto per riuscire con successo?
- Cosa ci ha aiutato? Quali competenze hanno fatto la differenza? Quali punti di forza in vostro possesso l'hanno reso possibile?
- Far parte di un team come ha contribuito? Cosa hanno fatto i membri del team per aiutarvi? Che punti di forza ha il vostro team?

Queste domande si basano sull'inchiesta elogiativa, un approccio che si focalizza sul valore e sull'energia. Queste domande danno visibilità alle cose buone che sono accadute ed esplorano i punti forza nascosti che hanno reso il tutto possibile.

Se utilizzi le quattro domande chiave, la domanda "Cosa abbiamo fatto bene?" può anche essere usata come approccio focalizzato alla soluzione per trovare i punti di forza che devono essere sviluppati per risolvere i problemi che un team sta affrontando.

Definire le azioni: pensare ad un problema che si ha avuto nella passata iterazione, uno che si potrebbe incontrare nuovamente. Per esempio quale problema sta ostacolando te e il team verso l'ottenimento di benefici per i clienti? Ora chiedere:

- Come potete usare i vostri punti di forza individuali per risolvere questo problema?

- Cosa potreste fare più frequentemente che potrebbe evitare il ripresentarsi del problema?
- Che azioni, che già sapete fare, potete attuare?

Nuovamente questo vale per l'inchiesta elogiativa immaginando ciò che può essere fatto utilizzando i punti di forza precedentemente scoperti e dando il potere ai membri del team di utilizzarli.

L'albero dell'alto rendimento

Un grosso vantaggio di questa tecnica è la sua semplicità. E' uno strumento fantastico per aiutare i team a diventare ad alto rendimento.

Quest'albero è stato creato da Lyssa Adkins. La tecnica è spiegata in dettaglio nel suo libro *Coaching Agile Teams: A Companion for Scrum Masters, Agile Coaches and Project Managers in Transition.*

Cosa puoi ottenere da questa tecnica

Questa tecnica aiuta i team a definire una visione di loro stessi. Lyssa si riferisce alle metafore delle competenze cardine che vengono insegnate nei corsi per coach professionali. Questo è esattamente ciò che l'albero dell'alto rendimento è: una metafora per aiutare i team a creare una visione avvincente di loro stessi. E' un modo per creare un percorso che li trasformi in team altamente performanti. Questa tecnica aiuta molti team a capire i passi successivi per raggiungere la performance massima.

Quando si usa

Questa tecnica può essere usata in modi differenti e da qualsiasi team. Comunque il modo in cui si usa dipende dalla maturità del team. Dobbiamo definire il livello di maturità del team e adattare la tecnica a quel livello. Lyssa afferma che affinchè un team sia altamente produttivo necessita di radici forti. Quando le radici sono solide l'albero può fiorire e donare meravigliosi frutti.

Principalmente vediamo questa tecnica usata in tre modi:

- Startup di un team.
- Un team normale che ha ancora molti problemi da risolvere.
- Un buon team che sta cercando il passo successivo per diventare più performante.

Come si fa

Questa tecnica inizia con il Coach che disegna un albero con i cinque valori di Scrum come radici. Ciò fa sì che sia anche una grande opportunità per il coach per insegnare o ricordare il significato di tali valori. Se il team è maturo possono sostituire i valori di Scrum con i propri. Quando il team è nuovo e non ha esperienza si raccomanda di iniziare con i valori di Scrum.

L'impegno è l'intenzione o la qualità con cui ci si dedica ad una causa, ad una attività, ecc... Un impegno deve essere sempre mantenuto - se così non è, allora era un promessa senza significato, una bugia. Nel mondo Scrum ciò significa che chiunque sia coinvolto nello sviluppo di un prodotto si prende l'impegno di lavorare verso un obiettivo comune.

Il coraggio è l'abilità di affrontare la paura, il dolore, il pericolo, l'incertezza e l'intimidazione. Nello sviluppo del software questi sentimenti sono sempre presenti ed è compito del team provare a dissiparli evitando che prevalgano.

L'apertura mentale è l'abilità di essere aperto a nuove idee, nuovi approcci e nuovi modi di lavorare. Questo è fondamentale nello sviluppo agile del software perché ogni giorno i team incontrano problemi diversi che hanno bisogno di approcci diversi. Essere mentalmente aperti è obbligatorio per avere successo.

La focalizzazione è il processo per cui si riesce a concentrarsi selettivamente su un aspetto dell'ambiente ignorando tutto il resto. Nello sviluppo del software ciò significa che i team dovrebbero concentrarsi solo su un argomento per volta. Non dovrebbero iniziare qualcosa di nuovo senza prima aver finito la precedente attività.

Il rispetto è il sentimento di profonda ammirazione per qualcuno o qualcosa, elogiandone le abilità, le qualità o i successi. In Scrum tutti i membri del team interagiscono a stretto contatto e il rispetto è cosa fondamentale perché le relazioni funzionino.

Dopo aver spiegato i valori dello Scrum è possibile fare una lista delle caratteristiche dei team altamente performanti, come ad esempio: hanno potere, sono orientati al consenso, autogestiti, il loro disaccordo è costruttivo, ecc... Queste sono solo alcune delle caratteristiche di cui Jean Tabaka parla nel suo libro *Collaboration Explained.*

Spiegare che questa combinazione produrrà team che potranno fare qualsiasi cosa, raggiungere risultati sorprendenti, ottenere il giusto valore di business e ottenerlo più rapidamente.

Dopo puoi impegnare il team in un dialogo salutare per provare a capire ciò che manca e ciò che serve per avanzare al prossimo livello.

Con questa tecnica i nuovi team impareranno come diventare un team altamente performante. Team già più maturi potranno rivedere le loro performance e analizzare cosa si richiede per diventare altamente performanti. Anche i team già a questo livello potranno trovare qualcosa da migliorare per diventare ancora più performanti.

Come molte altre tecniche questa avrà maggior impatto se il team si trova nello stesso luogo, ma non è obbligatorio. Può essere attuata anche facendo uso di una webcam, proprio come ha fatto Lyssa su youtube.

Mappa di flusso del valore

La mappa di flusso del valore è una tecnica appartenente al lean manufacturing usata per analizzare e progettare il flusso dei materiali e delle informazioni necessarie per consegnare un bene o un servizio ad un cliente. Sebbene questa tecnica sia spesso associata esclusivamente all'industria manifatturiera viene anche usata nella logistica e nella catena di approvigionamento, alle industrie di servizi, all'assistenza sanitaria, allo sviluppo del software, allo sviluppo dei prodotti e altri processi di ufficio e amministrativi. Alla Toyota, dove la tecnica ha avuto origine, è conosciuta con il nome "mappa di flusso del materiale e dell'informazione". Può essere applicata quasi a qualsiasi catena del valore.

Cosa puoi ottenere da questa tecnica

Utilizzando questo strumento si può visualizzare come il proprio processo di sviluppo lavora, dando modo al team di identificare le diverse parti del processo stesso che possono essere migliorate. Questa tecnica mostreràquante e quali sono le dipendenze e i blocchi che il team incontra. Questa informazione aiuterà il team a decidere come e quando intervenire per migliorare.

Quando si usa

Questa tecnica sara più efficace con i team maturi. Il metodo rivela come il team e il sistema interagiscono. E' a causa di questo tipo di esposizione che il team deve essere maturo. Credo che se i membri del team non conoscono ancora bene il mondo agile non capiranno molte delle cose che questa tecnica permette di scoprire.

(LG) Per esempio nella mia esperienza una delle cose più comuni che questa tecnica espone è la coda QA/Localizzazione/Documentazione di ogni storia. Se il team non è abbastanza maturo questa coda non sarà vista come un problema. Credo che la maggior parte delle volte solo i team davvero agili capiscano quanto importante sia ridurre la coda QA introducendo TDD, ATDD, test unitari, nè capiranno quanto importante sia avere la documentazione/localiz-zazione durante l'iterazione. *(LG)* Per raccogliere qualche idea su come portare la localizzazione nell'iterazione date un'occhiata al mio post: La localizzazione sta ritardando le tue release?. La mappa di flusso del valore rivelerà alcuni problemi complessi che solo i team maturi sono pronti ad affrontare.

Come si fa

Questa attività non è una attività da fare durante la retrospettiva, ma durante l'iterazione. Il risultato sarà quindi analizzato durante la retrospettiva.

Il modo più facile per fare questa attività è prendere dei fogli grandi (come quelli di una lavagna a fogli mobili) e appenderli al muro in modo che siano contigui. Quindi dividere lo spazio bianco in parti uguali; ogni parte rappresenterà un giorno dell'iterazione. Disegnare una linea sull'asse delle Y; questa linea dovrà trovarsi alla posizione Y=0; Si dovrebbe avere un foglio per ogni storia dell'iterazione. La presenza del team non è un requisito, ma se non è presente, è possibile creare un foglio di calcolo per ottenere lo stesso effetto.

Durante lo sviluppo il team dovrà concentrarsi su una storia per volta. Se stanno facendo un'attività che porterà valore al cliente, ogni membro del team disegnerà una linea sopra l'asse delle Y. Se stanno aspettando, sono bloccati o facendo qualche attività che non porta vantaggi al cliente, disegneranno una linea sotto l'asse delle Y. Potete trovare di seguito un esempio.

Mappa di flusso del valore

In questo esempio è possibile vedere le persone responsabili dei task di sviluppo, della qualità, della documentazione e della localizzazione.

Se non hai mai usato questa tecnica puoi pensare a tutti i task che sono necessari per completare una storia che porterà valore al cliente. Tutti gli altri task produrranno spazzatura. Come si usa nel mondo degli affari, il valore per il cliente è l'ammontare dei benefici che questo otterrà da un servizio o un prodotto, relativamente al costo di produzione. I rifiuti sono, come descritto da Poppendieck nel suo libro *Lean Software Development*:

- Tutto ciò che non crea valore per un cliente
- Una parte che sta aspettando di essere usata
- Fare qualcosa di cui al momento non si ha bisogno
- Movimento
- Trasporto
- Attesa
- Qualsia altri passi extra
- Difetti

Se un team è estremamente maturo è possibile iniziare classificando tutte le attività di QA che vengono effettuate per la validazione come utili, mentre le attività di QA facenti parte dello sviluppo e bugfixing come spazzatura. Ad esempio i test unitari, TDD, ATDD e altre tecniche possono essere considerate attività di QA legate allo sviluppo. Se stiamo testando solo alla fine solo per validare che tutto sia ok, allora è possibile pensare che questo sia spazzatura. Anche il bug fixing può essere considerato spazzatura.

Il team ha bisogno di andare a disegnare sul foglio la loro riga ogni giorno per tracciare tutte le sue attività. Non dimenticare di aggiungere delle note quando le persone sono bloccate o non possono fare attività; queste note sono importanti per discuterne nella retrospettiva. Il risultato possibile può essere qualcosa come la figura precedente. *(LG)* Come già detto, ho provato questa attività diverse volte ed è meraviglioso vedere quante informazioni si raccolgono dal team. Per me è una delle tecniche del mio personale set che preferisco.

La retrospettiva delle retrospettive

Molti progetti agili hanno molteplici team che lavorano sullo stesso prodotto. Ogni team può fare le proprie retrospettive, e una retrospettiva delle retrospettive può essere usata per condividere ciò che si è appreso.

Cosa puoi ottenere da questa tecnica

La retrospettiva delle retrospettive (RoR) aiuta a migliorare la collaborazione fra i team e incrementa i contributi dei team su un progetto. Usala per condividere gli apprendimenti in tutto il progetto e risolvere i problemi che il progetto sta affrontando.

Siccome una RoR migliora la collaborazione di tutto il progetto, questa può diventare una modalità grandiosa per gestire i rischi e migliorare la qualità del prodotto. Può anche aumentare le chance che il progetto porti delle funzionalità di valore, velocemente e continuamente.

I progetti distribuiti possono usare le RoR per migliorare le interazioni e le relazioni di lavoro dei team. Nel suo libro *Agile Software Development with Distributed Teams* Jutta Eckstein spiega come organizzare delle retrospettive per un intero progetto con degli incontri sia in presenza che virtuali.

I programmi di miglioramento cross-aziendali spesso falliscono, mentre le retrospettive hanno dato prova di permettere un continuo miglioramento. Le RoR aumentano questa possibilità dando modo ai team di imparare da altri team. Incoraggiano inoltre i team a collaborare ove vedano delle omogeneità. L'intelligenza collettiva è più alta della somma delle intelligenze individuali.

Quando si usa

Una RoR ti permette di omogeneizzare il modo in cui si lavora in un progetto con più team. Questo può rendere le cose più semplici per le persone che lavorano in tutti questi team come i Product Owner, Project Manager e altre persone interessate. Un project manager spesso parteciperà ad una RoR perché ciò lo aiuterà a gestire il progetto con team agili. Una RoR aiuta inoltre un project manager a gestire progetti agili stimolando la collaborazione e l'auto gestione dei team.

È possibile eseguire una RoR all'inizio di un progetto quando è importante stabilire come il progetto sarà organizzato e come faranno i team a lavorare insieme. Un'altra occasione per condurre una RoR è quando un progetto sta affrontando problemi gravi e ripetitivi che hanno a che fare con il modo di lavorare dei team. E' possibile arrivare alle cause radice dei problemi in una retrospettiva, il che aiuta i team a trovare le soluzioni efficienti.

Anche se qui viene descritto come usare la RoR in un Progetto è anche possibile utilizzarla per un Dipartimento o un'azienda intera. Ovunque siano presenti dei team che collaborano, fare regolarmente una RoR può aiutare a rimuovere le barriere e a far sì che si continui a lavorare senza interruzioni.

Come si fa

In una RoR i membri di team differenti discutono insieme dei risultati delle singole retrospettive e delle azioni che hanno scelto di intraprendere. Insieme possono decidere:

- Azioni aggiuntive che sono necessarie.
- Riprioritizzare le azioni dei team.
- Come lavorare insieme a queste azioni.
- Miglioramenti alle azioni discusse

Una RoR può essere fatta in molti modi. Puoi definire gli argomenti da discutere prima, il che rende più semplice per i partecipanti prepararsi e concentrarsi su di essi. Ma è anche possibile dar modo ai partecipanti di suggerire e scegliere con una votazione gli argomenti con cui iniziare la RoR. È possibile usare una metodologia Open Space Technology per allineare le persone sugli argomenti che considerano importanti.

Raccomandiamo di fare una RoR dopo ogni (grande) consegna. Per molti progetti potrebbe essere una volta ogni tre/sei iterazioni, il che vorrebbe dire all'incirca ogni tre mesi. L'idea è quella di farla quando c'è qualcosa di utile da analizzare, qualche evento accaduto tra la consegna precedente e l'attuale. E anche chi porta avanti la RoR ha un obiettivo specifico nella RoR: incitare il team a ragionare su cosa si potrebbe fare per far sì che la prossima consegna sia migliore?

Il risultato della RoR viene quindi riferito ai team. Sono i membri dei differenti team che eseguono le azioni scelte cambiando il loro modo di lavorare (il loro processo). E' responsabilità del team stesso effettuare le loro azioni.

Cosa potresti chiedere di confidenziale ad un team? È possibile che i team abbiano discusso di problemi privati nelle loro retrospettive. E' qualcosa che va condiviso nella RoR? Solitamente no. *(BL)* La regola di base che applico è "ciò che succede in un team, rimane nel team". Questo sta a significare che non puoi parlarne nella RoR? A meno che tu non lo faccia anonimamente, senza offendere le persone o i team, non puoi. Ma similmente alla fiducia che c'è in un team, ci dovrebbe essere un livello di fiducia all'interno del progetto. Devi essere capace di parlare assumendo che le tue parole non saranno fraintese dagli altri partecipanti.

Benefici delle Retrospettive

Le Retrospettive portano benefici ai team agili. Li aiutano a migliorare e a produrre valore per i loro clienti. E, migliorando le performance, le retrospettive producono valore per il business.

Azioni decise dal team, per il team

Nelle retrospettive si cercano azioni di miglioramento per il team, azioni che saranno compiute direttamente dai membri del team. I team sono auto gestiti, il che vuol dire che hanno il potere di cambiare il modo in cui lavorano sui processi). Se vogliono provare una nuova modalità è loro responsabilità darsi dei feedback a vicenda, discutere di ciò che accade, apprendere e decidere cosa fare.

Il team definisce le azioni che vogliono compiere nella prossima iterazione per superare gli ostacoli incontrati durante l'ultima iterazione, lavorare con maggior efficacia ed efficienza e creare più valore per i loro clienti. Nessuno può effettivamente cambiare un team auto gestito, se non il team stesso.

I Product Owner possono essere coinvolti

Se ci sono problemi legati alla gestione del backlog, alla pianificazione o alla comprensione delle necessità degli utenti, raccomandiamo di invitare il product owner alla retrospettiva. I membri del team e il product owner insieme possono analizzare i problemi, definire le azioni per risolverli e migliorare la collaborazione.

In alcuni casi si potrebbe voler invitare anche i clienti alla retrospettiva. Per esempio è utile coinvolgerli quando ci sono problemi con la sprint review, quando i membri del team e il product owner vogliono migliorare la comunicazione con i clienti o quando vuoi capire se è possibile coinvolgerli più spesso nel processo di sviluppo.

I team a volte propongono azioni per cambiare il modo in cui collaborano e comunicano con i clienti attuali e futuri. Spesso vogliono che i clienti cambino il loro modo di interagire con i team stessi, per esempio per farli assistere alle Sprint Review o sul modo in cui danno i feedback sul prodotto. E' compito del cliente cambiare il proprio comportamento se capisce che i consigli ricevuti lo renderebbe più efficiente; non è il team che decide. Dir questo ad un team, essendo il coach, non renderà molto popolari, ma è così che funziona. È possibile influenzare le persone ma non è possibile cambiarle direttamente; le persone possono cambiare solo se lo vogliono.

I membri del team possono essere d'accordo su come cambieranno, ma una persona sola non può obbligare gli altri a fare ciò lui/lei vuole. Il cambiamento genera cambiamento, quindi è bene lasciare che questo parta direttamente dall'interno del team e guardare come ciò influenzerà gli altri team. Essere pazienti: di solito funziona.

Nessuna scadenza!

(BL) Quando ho iniziato a fare le retrospettive agili ho discusso del perché dovevamo farle coi colleghi. Avevamo già le valutazioni sul progetto, quindi in cosa le retrospettive differivano e quale ne sarebbe stato il beneficio? Una differenza è che le retrospettive agili si focalizzano sul team, non sull'azienda. Non ci sono scadenze per le azioni di miglioramento necessarie.

Le valutazioni del progetto ti fanno capire cosa è successo e ti portano a individuare i cambiamenti per l'azienda o per i progetti futuri invece di definire le azioni per il progetto corrente. E' logico fintanto che queste valutazioni vengono fatte a fine progetto. Ma non c'è molto da cambiare in un progetto quando è finito. Per compiere le azioni di miglioramento il team di progetto che ha fatto le valutazioni deve consegnarle a un altro team di progetto o ad altre persone responsabili del miglioramento.

In una retrospettiva agile non ci sono scadenze: i membri del team analizzano ciò che è successo, definendo quindi le azioni che poi eseguiranno.

Le persone creano il miglioramento

Potresti ricordare un periodo passato in cui la tua azienda annunciava un altro programma di miglioramento. Un miglioramento per le necessità di business e per risolvere i problemi più gravi che l'azienda stava affrontando. Tu probabilmente ti chiedevi se si sarebbero risolti anche i tuoi problemi e in che modo.

Invece di aspettare un programma di miglioramento per risolvere i tuoi problemi, perché non usare le retrospettive agili per prendere il controllo diretto del tuo miglioramento? Risolvi i problemi che ostacolano te e il tuo team, quelli che consideri assolutamente da risolvere. Uno dei benefici delle retrospettive agili è che ti danno il potere per poterlo fare!

Molti grandi programmi di miglioramento falliscono, ma non a causa delle persone che li hanno gestiti. Questi professionisti sono di solito molto capaci e sanno come gestire il cambiamento. E hanno assicurato l'impegno e il finanziamento. Ma ciò che di solito manca è il coinvolgimento della forza lavoro, delle persone nei progetti e nei team.

Qui è dove le retrospettive applicano un approccio differente: sono fatte direttamente dai team agili. I team decidono dove e come cambiare il modo di lavorare, invece di avere cambiamenti dettati dai programmi decisi da altri. I team collaborano con i professionisti del management, della qualità e del processo per arrivare ad avere dei cambiamenti duraturi e di valore.

I team guidano il proprio miglioramento

Le retrospettive danno potere al team di controllare il proprio destino. Un team li usa per risolvere i problemi che considera come gli ostacoli più grandi. Possono migliorare il loro ritmo, facendo qualcosa di meno o qualcosa di più, a seconda delle loro possibilità.

I manager dovrebbero permettere e supportare le retrospettive. Possono chiedere e aspettare che i team migliorino, sempre nel perimetro delle possibilità e dei vincoli aziendali, e che contribuiscano agli obiettivi della società, ma resta responsabilità del team scegliere come e dove migliorare o non migliorare (per il momento). Un manager deve rispettare il giudizio dei suoi impiegati e fare affidamento alla professionalità del team, avendo fiducia che gestiranno il loro viaggio nel miglior modo possibile.

Se un team ha bisogno di altri professionisti per attuare delle azioni, ad esempio il loro manager o un dipartimento, sarà compito del team stesso coinvolgerli. Il team può ad esempio spiegare quali sono le necessità, rendere chiaro cosa si aspettano, perché è importante e come le cose richieste aiuteranno il team. Un team dovrebbe controllare due volte le proprie richieste: è qualcosa che il manager o un ufficio di supporto può e vuole fare? E' importante sapere cosa sia fattibile in una azienda e come richiederlo, così da evitarsi false aspettative.

Adottare le retrospettive agili

Questo capitolo descrive come introdurre le retrospettive nella tua organizzazione. Potresti aver bisogno del supporto di un coach agile o di un consulente.

Come per qualsiasi altra pratica agile, adottare le retrospettive è un cambiamento aziendale in cui i professioni adattano il loro modo di lavorare e il loro comportamento. Se non correttamente supportato può volerci molto tempo o potrebbe essere un fallimento.

Per supportare i team della tua azienda nell'adozione delle retrospettive agili puoi seguire questi passi:

- Rendere chiaro lo scopo. Mostra perché fare le retrospettive porta benefici.
- Avere persone che siano capaci di facilitarle.
- Cominciare a fare delle retrospettive, valutandole frequentemente.

Scopo delle retrospettive

Rendere chiaro lo scopo delle retrospettive permette alle persone di capire perché dovrebbero farle e quali benefici possono ottenere, come il valore per l'azienda e per loro personalmente (cosa ci guadagno?).

Come aiutare coloro che sono coinvolti a capire perché fare le retrospettive? Ecco alcuni suggerimenti:

- Discuti del bisogno del miglioramento continuo per ottenere risultati con l'agile.
- Chiarisci che i team hanno sia l'autorità che la responsabilità di decidere come fare il loro lavoro e come migliorare il modo in cui lo fanno.
- Festeggia quando le cose cambiano con successo e premia il successo.
- Enfatizza il "perché" rispetto al "come"; completare le azioni e ottenere risultati è ciò che conta.

Facilitatori capaci per le retrospettive

Fare le retrospettive e intrapendere le azioni scelte richiede del tempo, quindi è importante che entrambe le attività siano efficienti ed efficaci. L'efficacia deriva dall'essere in grado di decidere su un paio di azioni di miglioramento vitali. L'efficienza deriva invece dall'essere in grado di trovare e attuare le azioni di miglioramento velocemente mantenendo l'effort di miglioramento più basso possibile. Fare delle retrospettive facilitate da una persona capace (Scrum Master o facilitatore non del team) con un set di tecniche assicura tutto questo.

Ecco come fare:

- Assegna i facilitatori o qualifica e autorizza delle persone ad essere facilitatori.
- Evangelizza i facilitatori allo scopo delle retrospettive e alle tecniche e alle competenze necessarie.
- Addestra i facilitatori (utilizzando dei consulenti o dandogli modo di auto istruirsi)
- Condividi e discuti le singole esperienze avute con le retrospettive.

The Retrospective Handbook di Patrick Kua da molte informazioni pratiche su come preparare e facilitare le retrospettive.

Fare le retrospettive e valutarle

Come molte altre pratiche agili puoi imparare a fare le retrospettive più efficacemente semplicemente facendole. Hai naturalmente bisogno di prepararti a fare le retrospettive definendo lo scopo delle stesse e definendo dei facilitatori, come detto in precedenza. Quindi inizia le retrospettive sin dalla prima iterazione facendo domande o con la tecnica del veliero. Inizia con uno o più team.

Quando hai finito la tua retrospettiva chiedi alle persone che partecipavano se l'hanno trovata utile. Li ha aiutati a ottenere una comprensione condivisa di come stanno andando le cose? Le azioni scelte nell'incontro hanno senso per loro? Fare l'incontro con il team per riflettere insieme li ha fatti stare bene? Queste domande, e le risposte del team, ti aiutano a mantenere le retrospettive efficienti ed efficaci.

Iniziare a fare le retrospettive

(BL) Ho iniziato a fare le retrospettive agili in modalità silente. Non usavo il termine 'retrospettiva' ma la chiamavo 'valutazione'. Il motivo per cui usavo le retrospettive era aiutare i team dei miei progetti a fare frequenti valutazioni e miglioramenti, raccogliendo così i benefici delle retrospettive durante il progetto.

Diventare agili è un duro lavoro e potresti incontrare resistenza al cambiamento. Quando sarai diventato più agile le cose saranno più facili. Quando hai creato una cultura e un pensiero agile, i pezzi del puzzle vanno al proprio posto e le decisioni sul cosa fare e cosa non fare diventano spesso più semplici. Riflettere spesso sul tuo viaggio di trasformazione agile ti aiuta a restare agile.

Qualsiasi via tu scelga per adottare le retrospettive, assicurati di continuare a farle. Anche se le cose sembrano andare bene ci sarà sempre modo di migliorare!

Sviluppa i tuoi skill per facilitare le Retrospettive Agili

Per ottenere valore dalle Retrospettive agili, queste devono essere fatte correttamente da facilitatori esperti che siano abili a selezionare le tecniche che più si adattano al team, pianificare una retrospettiva, guidare la retrospettiva e le azioni che ne risulteranno.

Gli autori, Luis Gonçalves e Ben Linders offrono dei workshop per sviluppare le vostre capacità nel disegnare e facilitare delle retrospettive efficienti ed efficaci.

Workshop sulle Retrospettive Agili di Oikosofy - Luis Gonçalves

Questo workshop si tiene in un giorno ed è fatto da esperti, per team, project manager, Scrum Master e chiunque sia coinvolto nelle retrospettive. Il Workshop sulle Retrospettive Agili aiuta Voi e i Vostri team a condurre retrospettive in un modo efficace ed efficiente per riflettere sul vostro modo di lavorare e per migliorarlo sempre di più!

Per maggiori informazioni date un'occhiata alla descrizione del workshop sul sito Oikosofy.

Workshop sulle Retrospettive Agili di valore di Ben Linders

In questo workshop imparerete ad adottare e applicare le retrospettive nella vostra azienda, e a come fornire ai facilitatori delle retrospettive un set di tecniche che li aiuteranno a fare retrospettive di valore con i team, aiutando quindi la vostra azienda a raggiungere i risultati prefissati!

Per maggiori informazioni date un'occhiata alla descrizione del workshop di Ben Linders - Condividendo la mia esperienza.

Retrospettive Agili di valore

Prima di tutto vogliamo ringraziarti per aver letto il nostro libro. Se hai raggiunto questa pagina sei sopravvisuto all'esperienza di leggerlo :) Speriamo che sia stata una piacevole esperienza e che abbia avuto tante nuove idee da usare nelle tue prossime retrospettive.

Questo libro è l'inizio di un viaggio. Intorno a questo libro sta crescendo un piccolo ecosistema al fine di creare nuove tecniche in futuro, consigli e tante altre cose. Se vuoi restare aggiornato il miglior modo è sottoscrivere la nostra mailing list sulle retrospettive agili di valore - URL: eepurl.com/Mem7H.

Abbiamo offerto metà anno del nostro lavoro alla comunità per aiutare i team di tutto il mondo a migliorarsi. In cambio chiediamo solo il tuo aiuto nel passare parola: consiglia questo libro ai tuoi colleghi, amici, aziende R&D o chiunque ne possa beneficiare. Se vuoi lasciare un tweet riguardo al libro usa l'hashtag #RetroValue.

Stiamo cercando feedback. Sentiti libero di scrivere una recensione su Goodreads o contattarci direttamente via mail me@luis-goncalves.com o BenLinders@gmail.com. Non vediamo l'ora!

Puoi leggere i nostri blog: lmsgoncalves.com & benlinders.com. Se sei troppo impegnato per visitare i blog, possiamo mandarti una email quando avremo notizie per te interessanti. Iscriviti alle nostre mail list: Luis (eepurl.com/JOTXL) e Ben (benlinders.com/subscribe/)

Adesso è tempo di salutarci e augurarti tutto il meglio!

Con affetto Luis and Ben

Bibliografia

I nostri blog

Welcome to the World of Luis Gonçalves - lmsgoncalves.com

Ben Linders - Sharing my Experience - www.benlinders.com

Libri

Lyssa Adkins. *Coaching Agile Teams: A Companion for ScrumMasters, Agile Coaches, and Project Managers in Transition.* Addison-Wesley, 2010.

Rachel Davies and Liz Sedley. *Agile Coaching.* The Pragmatic Programmers, LLC, 2009.

Esther Derby and Diana Larsen. *Agile Retrospectives: Making Good Teams Great.* The Pragmatic Programmers, LLC, 2006.

Jutta Eckstein. *Agile Software Development with Distributed Teams.* Dorset House, 2010.

Norman Kerth. *Project Retrospectives: A Handbook for Team Reviews.* Dorset House, 2001.

Henrik Kniberg. *Scrum and XP from the Trenches.* InfoQ, 2007.

Patrick Kua. *The Retrospective Handbook: A guide for agile teams.* Leanpub, 2013.

Dean Leffingwell. *Scaling Software Agility: Best Practices for Large Enterprises.* Addison-Wesley, 2007.

Mary Poppendieck and Tom Poppendieck. *Lean Software Development: An Agile Toolkit.* Addison-Wesley, 2003.

Mike Rother. *Toyota Kata.* McGraw-Hill, 2009.

Jean Tabaka. *Collaboration Explained: Facilitation Skills for Software Project Leaders.* Addison-Wesley, 2006.

Collegamenti

Manifesto for Agile Software Development - agilemanifesto.org

retrospectives.eu

retrospectives.com

retrospectivewiki.org